PREFACIO

La colección de guías de conversación para viajar "Todo irá bien" publicada por T&P Books está diseñada para personas que viajan al extranjero para turismo y negocios. Las guías contienen lo más importante - los elementos esenciales para una comunicación básica.Éste es un conjunto de frases imprescindibles para "sobrevivir" mientras está en el extranjero.

Esta guía de conversación le ayudará en la mayoría de los casos donde usted necesite pedir algo, conseguir direcciones, saber cuánto cuesta algo, etc. Puede también resolver situaciones difíciles de la comunicación donde los gestos no pueden ayudar.

Este libro contiene muchas frases que han sido agrupadas según los temas más relevantes.También encontrará un mini diccionario con palabras útiles - números, hora, calendario, colores…

Llévese la guía de conversación "Todo irá bien" en el camino y tendrá una insustituible compañera de viaje que le ayudará a salir de cualquier situación y le enseñará a no temer hablar con extranjeros.

TABLA DE CONTENIDOS

T&P Books Publishing

Colección de guías de conversación
"¡Todo irá bien!"

T&P Books Publishing

GUÍA DE CONVERSACIÓN
JAPONÉS

LAS PALABRAS Y LAS FRASES MÁS ÚTILES

Esta Guía de Conversación contiene las frases y las preguntas más comunes necesitadas para una comunicación básica con extranjeros

Andrey Taranov

T&P BOOKS

Guía de conversación + diccionario de 250 palabras

Guía de conversación Español-Japonés y mini diccionario de 250 palabras

por Andrey Taranov

La colección de guías de conversación para viajar "Todo irá bien" publicada por T&P Books está diseñada para personas que viajan al extranjero para turismo y negocios. Las guías contienen lo más importante - los elementos esenciales para una comunicación básica. Éste es un conjunto de frases imprescindibles para "sobrevivir" mientras está en el extranjero.

También encontrará un mini diccionario con 250 palabras útiles necesarias para la comunicación diaria - los nombres de los meses y de los días de la semana, medidas, miembros de la familia, y más.

T&P Books Publishing
www.tpbooks.com

ISBN: 978-1-78492-621-2

Este libro está disponible en formato electrónico o de E-Book también.
Visite www.tpbooks.com o las librerías electrónicas más destacadas en la Red.

PRONUNCIACIÓN

T&P alfabeto fonético	Hiragana	Katakana	Romaji	Ejemplo japonés	Ejemplo español

Las consonantes

T&P alfabeto fonético	Hiragana	Katakana	Romaji	Ejemplo japonés	Ejemplo español
[a]	あ	ア	a	あなた	radio
[i], [iː]	い	イ	i	いす	tranquilo
[u], [uː]	う	ウ	u	うた	justo
[e]	え	エ	e	いいえ	verano
[ɔ]	お	オ	o	しお	costa
[jɑ]	や	ヤ	ya	やすみ	ensayar
[ju]	ゆ	ユ	yu	ふゆ	ciudad
[jɔ]	よ	ヨ	yo	ようす	yogur

Sílabas

T&P alfabeto fonético	Hiragana	Katakana	Romaji	Ejemplo japonés	Ejemplo español
[b]	ば	バ	b	ばん	en barco
[tʃ]	ち	チ	ch	ちち	porche
[d]	だ	ダ	d	からだ	desierto
[f]	ふ	フ	f	ひふ	golf
[g]	が	ガ	g	がっこう	jugada
[h]	は	ハ	h	はは	registro
[dʒ]	じ	ジ	j	じしょ	jazz
[k]	か	カ	k	かぎ	charco
[m]	む	ム	m	さむらい	nombre
[n]	に	ニ	n	にもつ	número
[p]	ば	バ	p	パン	precio
[r]	ら	ラ	r	いくら	era, alfombra
[s]	さ	サ	s	あさ	salva
[ɕ]	し	シ	sh	わたし	China
[t]	た	タ	t	ふた	torre
[ts]	つ	ツ	ts	いくつ	tsunami
[w]	わ	ワ	w	わた	acuerdo
[dz]	ざ	ザ	z	ざっし	inglés kids

LISTA DE ABREVIATURAS

Abreviatura en español

adj	-	adjetivo
adv	-	adverbio
anim.	-	animado
conj	-	conjunción
etc.	-	etcétera
f	-	sustantivo femenino
f pl	-	femenino plural
fam.	-	uso familiar
fem.	-	femenino
form.	-	uso formal
inanim.	-	inanimado
innum.	-	innumerable
m	-	sustantivo masculino
m pl	-	masculino plural
m, f	-	masculino, femenino
masc.	-	masculino
mat	-	matemáticas
mil.	-	militar
num.	-	numerable
p.ej.	-	por ejemplo
pl	-	plural
pron	-	pronombre
sg	-	singular
v aux	-	verbo auxiliar
vi	-	verbo intransitivo
vi, vt	-	verbo intransitivo, verbo transitivo
vr	-	verbo reflexivo
vt	-	verbo transitivo

T&P BOOKS

GUÍA DE
CONVERSACIÓN
JAPONÉS

Esta sección contiene frases
importantes que pueden
resultar útiles en varias
situaciones de la vida real.
La Guía le ayudará a pedir
direcciones, aclaración
sobre precio, comprar billetes,
y pedir alimentos en un
restaurante

T&P Books Publishing

CONTENIDO DE LA GUÍA DE CONVERSACIÓN

T&P Books Publishing

Lo más imprescindible

Perdone, …　　　　　　　　　すみません、…
　　　　　　　　　　　　　　　sumimasen, …

Hola.　　　　　　　　　　　　こんにちは。
　　　　　　　　　　　　　　　konnichiwa

Gracias.　　　　　　　　　　　ありがとうございます。
　　　　　　　　　　　　　　　arigatō gozai masu

Sí.　　　　　　　　　　　　　　はい。
　　　　　　　　　　　　　　　hai

No.　　　　　　　　　　　　　　いいえ。
　　　　　　　　　　　　　　　īe

No lo sé.　　　　　　　　　　　わかりません。
　　　　　　　　　　　　　　　wakari masen

¿Dónde? | ¿A dónde? | ¿Cuándo?　どこ？ | どこへ？ | いつ？
　　　　　　　　　　　　　　　doko ? | doko e ? | i tsu ?

Necesito …　　　　　　　　　…が必要です
　　　　　　　　　　　　　　　… ga hitsuyō desu

Quiero …　　　　　　　　　　　したいです
　　　　　　　　　　　　　　　shi tai desu

¿Tiene …?　　　　　　　　　　…をお持ちですか？
　　　　　　　　　　　　　　　… wo o mochi desu ka ?

¿Hay … por aquí?　　　　　　ここには…がありますか？
　　　　　　　　　　　　　　　koko ni wa … ga ari masu ka ?

¿Puedo …?　　　　　　　　　…してもいいですか？
　　　　　　　　　　　　　　　… shi te mo ī desu ka ?

…, por favor? (petición educada)　お願いします。
　　　　　　　　　　　　　　　onegai shi masu

Busco …　　　　　　　　　　　…を探しています
　　　　　　　　　　　　　　　… wo sagashi te i masu

el servicio　　　　　　　　　　トイレ
　　　　　　　　　　　　　　　toire

un cajero automático　　　　　ＡＴＭ
　　　　　　　　　　　　　　　ētīemu

una farmacia　　　　　　　　　薬局
　　　　　　　　　　　　　　　yakkyoku

el hospital　　　　　　　　　　病院
　　　　　　　　　　　　　　　byōin

la comisaría　　　　　　　　　警察
　　　　　　　　　　　　　　　keisatsu

el metro　　　　　　　　　　　地下鉄
　　　　　　　　　　　　　　　chikatetsu

un taxi	タクシー takushī
la estación de tren	駅 eki

Me llamo …	私は…と申します watashi wa … to mōshi masu
¿Cómo se llama?	お名前は何ですか？ o namae wa nan desu ka ?
¿Puede ayudarme, por favor?	助けていただけますか？ tasuke te itadake masu ka ?
Tengo un problema.	困ったことがあります。 komatta koto ga arimasu
Me encuentro mal.	気分が悪いのです。 kibun ga warui nodesu
¡Llame a una ambulancia!	救急車を呼んで下さい！ kyūkyū sha wo yon de kudasai !
¿Puedo llamar, por favor?	電話をしてもいいですか？ denwa wo shi te mo ī desu ka ?

Lo siento.	ごめんなさい。 gomennasai
De nada.	どういたしまして。 dōitashimashite

Yo	私 watashi
tú	君 kimi
él	彼 kare
ella	彼女 kanojo
ellos	彼ら karera
ellas	彼女たち kanojotachi
nosotros /nosotras/	私たち watashi tachi
ustedes, vosotros	君たち kimi tachi
usted	あなた anata

ENTRADA	入り口 iriguchi
SALIDA	出口 deguchi
FUERA DE SERVICIO	故障中 koshō chū
CERRADO	休業中 kyūgyō chū

ABIERTO

営業中
eigyō chū

PARA SEÑORAS

女性用
josei yō

PARA CABALLEROS

男性用
dansei yō

Preguntas

¿Dónde?	どこ？ doko ?
¿A dónde?	どこへ？ doko e ?
¿De dónde?	どこから？ doko kara ?
¿Por qué?	どうしてですか？ dōshite desu ka ?
¿Con que razón?	なんのためですか？ nan no tame desu ka ?
¿Cuándo?	いつですか？ i tsu desu ka ?

¿Cuánto tiempo?	どのぐらいですか？ dono gurai desu ka ?
¿A qué hora?	何時にですか？ nan ji ni desu ka ?
¿Cuánto?	いくらですか？ ikura desu ka ?
¿Tiene ...?	…をお持ちですか？ ... wo o mochi desu ka ?
¿Dónde está ...?	…はどこですか？ ... wa doko desu ka ?

¿Qué hora es?	何時ですか？ nan ji desu ka ?
¿Puedo llamar, por favor?	電話をしてもいいですか？ denwa wo shi te mo ī desu ka ?
¿Quién es?	誰ですか？ dare desu ka ?
¿Se puede fumar aquí?	ここでタバコを吸ってもいいですか？ koko de tabako wo sutte mo ī desu ka ?
¿Puedo ...?	…してもいいですか？ ... shi te mo ī desu ka ?

Necesidades

Quisiera …	…をしたいのですが … wo shi tai no desu ga
No quiero …	…したくないです … shi taku nai desu
Tengo sed.	喉が渇きました。 nodo ga kawaki mashi ta
Tengo sueño.	眠りたいです。 nemuri tai desu

Quiero …	したいです shi tai desu
lavarme	洗いたい arai tai
cepillarme los dientes	歯を磨きたい ha wo migaki tai
descansar un momento	しばらく休みたい shibaraku yasumi tai
cambiarme de ropa	着替えたい kigae tai

volver al hotel	ホテルに戻る hoteru ni modoru
comprar …	…を買う … wo kau
ir a …	…へ行く … e iku
visitar …	…を訪問する … wo hōmon suru
quedar con …	…と会う … to au
hacer una llamada	電話をする denwa wo suru

Estoy cansado /cansada/.	疲れています。 tsukare te i masu
Estamos cansados /cansadas/.	私たちは疲れました。 watashi tachi wa tsukare mashita
Tengo frío.	寒いです。 samui desu
Tengo calor.	暑いです。 atsui desu
Estoy bien.	大丈夫です。 daijōbu desu

Tengo que hacer una llamada.

電話をしなければなりません。
denwa wo shi nakere ba nari masen

Necesito ir al servicio.

トイレへ行きたいです。
toire e iki tai desu

Me tengo que ir.

行かなければいけません。
ika nakere ba ike masen

Me tengo que ir ahora.

今すぐ行かなければいけません。
ima sugu ika nakere ba ike masen

Preguntar por direcciones

Perdone, …
すみません、…
sumimasen, …

¿Dónde está …?
…はどこですか？
… wa doko desu ka ?

¿Por dónde está …?
…はどちらですか？
…wa dochira desu ka ?

¿Puede ayudarme, por favor?
助けていただけますか？
tasuke te itadake masu ka ?

Busco …
…を探しています
… wo sagashi te i masu

Busco la salida.
出口を探しています。
deguchi wo sagashi te i masu

Voy a …
…へ行く予定です
… e iku yotei desu

¿Voy bien por aquí para …?
…へはこの道で合っていますか？
…e wa kono michi de atte i masu ka ?

¿Está lejos?
遠いですか？
tōi desu ka ?

¿Puedo llegar a pie?
そこまで歩いて行けますか？
soko made arui te ike masu ka ?

¿Puede mostrarme en el mapa?
地図で教えて頂けますか？
chizu de oshie te itadake masu ka ?

Por favor muestreme dónde estamos.
今どこにいるかを教えて下さい。
ima doko ni iru ka wo oshie te kudasai

Aquí
ここです
koko desu

Allí
あちらです
achira desu

Por aquí
こちらです
kochira desu

Gire a la derecha.
右に曲がって下さい。
migi ni magatte kudasai

Gire a la izquierda.
左に曲がって下さい。
hidari ni magatte kudasai

la primera (segunda, tercera) calle
1つ目（2つ目、3つ目）
の曲がり角
hitotsume (futatsume, mittsume)
no magarikado

a la derecha
右に
migi ni

a la izquierda

左に
hidari ni

Siga recto.

まっすぐ歩いて下さい。
massugu arui te kudasai

Carteles

¡BIENVENIDO!	いらっしゃいませ！	irasshai mase !
ENTRADA	入り口	iriguchi
SALIDA	出口	deguchi

EMPUJAR	押す	osu
TIRAR	引く	hiku
ABIERTO	営業中	eigyō chū
CERRADO	休業中	kyūgyō chū

PARA SEÑORAS	女性用	josei yō
PARA CABALLEROS	男性用	dansei yō
CABALLEROS	男性用	dansei yō
SEÑORAS	女性用	josei yō

REBAJAS	営業	eigyō
VENTA	セール	sēru
GRATIS	無料	muryō
¡NUEVO!	新商品！	shin shōhin !
ATENCIÓN	目玉品！	medama hin !

COMPLETO	満員	man in
RESERVADO	ご予約済み	go yoyaku zumi
ADMINISTRACIÓN	管理	kanri
SÓLO PERSONAL AUTORIZADO	社員専用	shain senyō

CUIDADO CON EL PERRO	猛犬注意 mōken chūi
NO FUMAR	禁煙！ kin en !
NO TOCAR	触るな危険！ sawaru na kiken !

PELIGROSO	危ない abunai
PELIGRO	危険 kiken
ALTA TENSIÓN	高電圧 kō denatsu
PROHIBIDO BAÑARSE	水泳禁止！ suiei kinshi !

FUERA DE SERVICIO	故障中 koshō chū
INFLAMABLE	火気注意 kaki chūi
PROHIBIDO	禁止 kinshi
PROHIBIDO EL PASO	通り抜け禁止！ tōrinuke kinshi !
RECIÉN PINTADO	ペンキ塗り立て penki nuritate

CERRADO POR RENOVACIÓN	改装閉鎖中 kaisō heisa chū
EN OBRAS	この先工事中 kono saki kōji chū
DESVÍO	迂回 ukai

Transporte. Frases generales

el avión	飛行機 hikōki
el tren	電車 densha
el bus	バス basu
el ferry	フェリー ferī
el taxi	タクシー takushī
el coche	車 kuruma

el horario	時刻表 jikoku hyō
¿Dónde puedo ver el horario?	どこで時刻表を見られますか？ doko de jikoku hyō wo mirare masu ka ?
días laborables	平日 heijitsu
fines de semana	週末 shūmatsu
días festivos	祝日 kokumin no syukujitsu

SALIDA	出発 shuppatsu
LLEGADA	到着 tōchaku
RETRASADO	遅延 chien
CANCELADO	欠航 kekkō

siguiente (tren, etc.)	次の tsugi no
primero	最初の saisho no
último	最後の saigono

¿Cuándo pasa el siguiente ...?	次の…はいつですか？ tsugi no ... wa i tsu desu ka ?
¿Cuándo pasa el primer ...?	最初の…はいつですか？ saisho no ... wa i tsu desu ka ?

¿Cuándo pasa el último ...?

最後の…はいつですか？
saigo no ... wa i tsu desu ka ?

el trasbordo (cambio de trenes, etc.)

乗り継ぎ
noritsugi

hacer un trasbordo

乗り継ぎをする
noritsugi wo suru

¿Tengo que hacer un trasbordo?

乗り継ぎをする必要がありますか？
noritsugi o suru hitsuyō ga ari masu ka ?

Comprar billetes

¿Dónde puedo comprar un billete?	どこで乗車券を買えますか？ doko de jōsha ken wo kae masu ka ?
el billete	乗車券 jōsha ken
comprar un billete	乗車券を買う jōsha ken wo kau
precio del billete	乗車券の値段 jōsha ken no nedan

¿Para dónde?	どこへ？ doko e ?
¿A qué estación?	どこの駅へ？ doko no eki e ?
Necesito …	…が必要です … ga hitsuyō desu
un billete	券　1枚 ken ichi mai
dos billetes	2枚 ni mai
tres billetes	3枚 san mai

sólo ida	片道 katamichi
ida y vuelta	往復 ōfuku
en primera (primera clase)	ファーストクラス fāsuto kurasu
en segunda (segunda clase)	エコノミークラス ekonomī kurasu

hoy	今日 kyō
mañana	明日 ashita
pasado mañana	あさって asatte
por la mañana	朝に asa ni
por la tarde	昼に hiru ni
por la noche	晩に ban ni

asiento de pasillo

通路側の席
tsūro gawa no seki

asiento de ventanilla

窓側の席
madogawa no seki

¿Cuánto cuesta?

いくらですか？
ikura desu ka ?

¿Puedo pagar con tarjeta?

カードで支払いができますか？
kādo de shiharai ga deki masu ka ?

Autobús

el autobús	バス basu
el autobús interurbano	高速バス kōsoku basu
la parada de autobús	バス停 basutei
¿Dónde está la parada de autobuses más cercana?	最寄りのバス停はどこですか？ moyori no basutei wa doko desu ka ?
número	数 kazu
¿Qué autobús tengo que tomar para …?	…に行くにはどのバスに乗れば いいですか ？ …ni iku niwa dono basu ni nore ba ī desu ka …?
¿Este autobús va a …?	このバスは…まで行きますか？ kono basu wa … made iki masu ka ?
¿Cada cuanto pasa el autobús?	バスはどのくらいの頻度で 来ますか？ basu wa dono kurai no hindo de ki masu ka?
cada 15 minutos	１５分おき jyū go fun oki
cada media hora	３０分おき sanjuppun oki
cada hora	１時間に １回 ichi jikan ni ittu kai
varias veces al día	１日に数回 ichi nichi ni sū kai
… veces al día	１日に…回 ichi nichi ni … kai
el horario	時刻表 jikoku hyō
¿Dónde puedo ver el horario?	どこで時刻表を見られますか？ doko de jikoku hyō wo mirare masu ka ?
¿Cuándo pasa el siguiente autobús?	次のバスは何時ですか？ tsugi no basu wa nan ji desu ka ?
¿Cuándo pasa el primer autobús?	最初のバスは何時ですか？ saisho no basu wa nan ji desu ka ?
¿Cuándo pasa el último autobús?	最後のバスは何時ですか？ saigo no basu wa nan ji desu ka ?

la parada	バス停、停留所
	basutei, teiryūjo
la siguiente parada	次のバス停、次の停留所
	tsugi no basutei, tsugi no teiryūjo
la última parada	最終停留所
	saishū teiryūjo
Pare aquí, por favor.	ここで止めてください。
	koko de tome te kudasai
Perdone, esta es mi parada.	すみません、ここで降ります。
	sumimasen, koko de ori masu

Tren

el tren
電車
densha

el tren de cercanías
郊外電車
kōgai densha

el tren de larga distancia
長距離列車
chōkyori ressha

la estación de tren
電車の駅
densha no eki

Perdone, ¿dónde está
la salida al anden?
すみません、ホームへはど
う行けばいいですか？
sumimasen, hōmu e wa dō
ike ba ī desu ka?

¿Este tren va a ...?
この電車は…まで行きますか？
kono densha wa ... made iki masu ka ?

el siguiente tren
次の駅
tsugi no eki

¿Cuándo pasa el siguiente tren?
次の電車は何時ですか？
tsugi no densha wa nan ji desu ka ?

¿Dónde puedo ver el horario?
どこで時刻表を見られますか？
doko de jikoku hyō wo mirare masu ka ?

¿De qué andén?
どのホームからですか？
dono hōmu kara desu ka ?

¿Cuándo llega el tren a ...?
電車はいつ到着しますか…？
densha wa i tsu tōchaku
shi masu ka ...?

Ayudeme, por favor.
助けて下さい。
tasuke te kudasai

Busco mi asiento.
私の座席を探しています。
watashi no zaseki wo sagashi te i masu

Buscamos nuestros asientos.
私たちの座席を探し
ています。
watashi tachi no zaseki wo sagashi
te i masu

Mi asiento está ocupado.
私の席に他の人が
座っています。
watashi no seki ni hoka no hito ga
suwatte i masu

Nuestros asientos están ocupados.
私たちの席に他の人が
座っています。
watashi tachi no seki ni hoka no hito ga
suwatte i masu.

Perdone, pero ese es mi asiento.

すみませんが、こちらは私
の席です。
sumimasen ga, kochira wa watashi
no seki desu

¿Está libre?

この席はふさがっていますか？
kono seki wa husagatte i masu ka ?

¿Puedo sentarme aquí?

ここに座ってもいいですか？
koko ni suwatte mo ī desu ka ?

En el tren. Diálogo (Sin billete)

Su billete, por favor.
乗車券を見せて下さい。
jōsha ken wo mise te kudasai

No tengo billete.
乗車券を持っていません。
jōsha ken wo motte i masen

He perdido mi billete.
乗車券を失くしました。
jōsha ken wo nakushi mashi ta

He olvidado mi billete en casa.
乗車券を家に忘れました。
jōsha ken wo ie ni wasure mashi ta

Le puedo vender un billete.
私からも乗車券を購入できます。
watashi kara mo jōsha ken wo kōnyū deki masu

También deberá pagar una multa.
それから罰金を払わなければいけません。
sorekara bakkin wo harawa nakere ba ike masen

Vale.
わかりました。
wakari mashi ta

¿A dónde va usted?
行き先はどこですか？
yukisaki wa doko desu ka ?

Voy a ...
…に行きます。
… ni iki masu

¿Cuánto es? No lo entiendo.
いくらですか？ わかりません。
ikura desu ka ? wakari masen

Escríbalo, por favor.
書いてください。
kai te kudasai

Vale. ¿Puedo pagar con tarjeta?
わかりました。クレジットカードで支払いできますか？
wakari mashi ta. kurejittokādo de shiharaideki masu ka?

Sí, puede.
はい。
hai

Aquí está su recibo.
レシートです。
reshīto desu

Disculpe por la multa.
罰金をいただいてすみません。
bakkin wo itadaite sumimasen

No pasa nada. Fue culpa mía.
大丈夫です。私のせいですから。
daijōbu desu. watashi no sei desu kara

Disfrute su viaje.
良い旅を。
yoi tabi wo

Taxi

taxi

タクシー
takushī

taxista

タクシー運転手
takushī unten shu

coger un taxi

タクシーをひろう
takushī wo hirō

parada de taxis

タクシー乗り場
takushī noriba

¿Dónde puedo coger un taxi?

どこでタクシーをひろえますか？
doko de takushī wo hiroe masu ka ?

llamar a un taxi

タクシーを呼ぶ
takushī wo yobu

Necesito un taxi.

タクシーが必要です。
takushī ga hitsuyō desu

Ahora mismo.

今すぐ。
ima sugu

¿Cuál es su dirección?

住所はどこですか？
jūsho wa doko desu ka ?

Mi dirección es ...

私の住所は…です
watashi no jūsho wa ... desu

¿Cuál es el destino?

どちらへ行かれますか？
dochira e ikare masu ka ?

Perdone, ...

すみません、…
sumimasen, ...

¿Está libre?

乗ってもいいですか？
nottemo ī desu ka ?

¿Cuánto cuesta ir a ...?

…までいくらですか？
... made ikura desu ka ?

¿Sabe usted dónde está?

どこにあるかご存知ですか？
doko ni aru ka gozonji desu ka ?

Al aeropuerto, por favor.

空港へお願いします。
kūkō e onegai shi masu

Pare aquí, por favor.

ここで止めてください。
koko de tome te kudasai

No es aquí.

ここではありません。
koko de wa ari masen

La dirección no es correcta.

その住所は間違っています。
sono jūsho wa machigatte i masu

Gire a la izquierda.

左へ曲がって下さい
hidari e magatte kudasai

Gire a la derecha.	右へ曲がって下さい migi e magatte kudasai
¿Cuánto le debo?	いくらですか？ ikura desu ka ?
¿Me da un recibo, por favor?	領収書を下さい。 ryōshū sho wo kudasai
Quédese con el cambio.	おつりはいりません。 o tsuri hairi masen

Espéreme, por favor.	待っていて頂けますか？ matte i te itadake masu ka?
cinco minutos	５分 go fun
diez minutos	１０分 juppun
quince minutos	１５分 jyū go fun
veinte minutos	２０分 nijuppun
media hora	３０分 sanjuppun

Hotel

Hola.
こんにちは。
konnichiwa

Me llamo ...
私の名前は…です
watashi no namae wa ... desu

Tengo una reserva.
予約をしました。
yoyaku wo shi mashi ta

Necesito ...
私は…が必要です
watashi wa ... ga hitsuyō desu

una habitación individual
シングルルーム
shinguru rūmu

una habitación doble
ツインルーム
tsuin rūmu

¿Cuánto cuesta?
いくらですか？
ikura desu ka ?

Es un poco caro.
それは少し高いです。
sore wa sukoshi takai desu

¿Tiene alguna más?
他にも選択肢はありますか？
hoka ni mo sentakushi wa ari masu ka ?

Me quedo.
それにします。
sore ni shi masu

Pagaré en efectivo.
現金で払います。
genkin de harai masu

Tengo un problema.
困ったことがあります。
komatta koto ga arimasu

Mi ... no funciona.
私の…が壊れています。
watashi no ... ga koware te i masu

Mi ... está fuera de servicio.
私の…が故障しています。
watashi no ... ga koshō shi te i masu

televisión
テレビ
terebi

aire acondicionado
エアコン
eakon

grifo
蛇口
jaguchi

ducha
シャワー
shawā

lavabo
流し台
nagashi dai

caja fuerte
金庫
kinko

cerradura	錠 jō
enchufe	電気のコンセント dengen no konsento
secador de pelo	ドライヤー doraiyā

No tengo …	…がありません … ga ari masen
agua	水 mizu
luz	明かり akari
electricidad	電気 denki

¿Me puede dar …?	…を頂けませんか？ … wo itadake masenka ?
una toalla	タオル taoru
una sábana	毛布 mōfu
unas chanclas	スリッパ surippa
un albornoz	バスローブ basurōbu
un champú	シャンプーを何本か shanpū wo nannbon ka
jabón	石鹸をいくつか sekken wo ikutsu ka

Quisiera cambiar de habitación.	部屋を変えたいのですが。 heya wo kae tai no desu ga
No puedo encontrar mi llave.	鍵が見つかりません。 kagi ga mitsukarimasenn
Por favor abra mi habitación.	部屋を開けて頂けますか？ heya wo ake te itadake masu ka ?
¿Quién es?	誰ですか？ dare desu ka ?
¡Entre!	どうぞお入り下さい dōzo o hairikudasai
¡Un momento!	少々お待ち下さい！ shōshō omachi kudasai !
Ahora no, por favor.	後にしてもらえますか。 ato ni shi te morae masu ka

Venga a mi habitación, por favor.	私の部屋に来て下さい。 watashi no heya ni ki te kudasai
Quisiera hacer un pedido.	食事サービスをお願いしたい のですが。 shokuji sābisu wo onegai shi tai no desu ga

Mi número de habitación es …	私の部屋の番号は… watashi no heya no bangō wa …
Me voy …	チェックアウトします… tyekkuauto shi masu …
Nos vamos …	私たちはチェックアウトします… watashi tachi wa tyekkuauto shi masu …
Ahora mismo	今すぐ ima sugu
esta tarde	今日の午後 kyō no gogo
esta noche	今晩 konban
mañana	明日 ashita
mañana por la mañana	明日の朝 ashita no asa
mañana por la noche	明日の夕方 ashita no yūgata
pasado mañana	あさって asatte

Quisiera pagar la cuenta.	支払いをしたいのですが。 shiharai wo shi tai no desu ga
Todo ha estado estupendo.	何もかもがよかったです。 nanimokamo ga yokatta desu
¿Dónde puedo coger un taxi?	どこでタクシーをひろえますか？ doko de takushī wo hiroe masu ka ?
¿Puede llamarme un taxi, por favor?	タクシーを呼んでいただけますか？ takushī wo yon de itadake masu ka ?

Restaurante

¿Puedo ver el menú, por favor?

メニューを頂けますか？
menyū wo itadake masu ka ?

Mesa para uno.

一人用の席をお願いします。
hitori yō no seki wo onegai shimasu

Somos dos (tres, cuatro).

2人（3人、4人）です。
futari (san nin, yon nin) desu

Para fumadores

喫煙
kitsuen

Para no fumadores

禁煙
kinen

¡Por favor! (llamar al camarero)

すみません！
sumimasen !

la carta

メニュー
menyū

la carta de vinos

ワインリスト
wain risuto

La carta, por favor.

メニューを下さい。
menyū wo kudasai

¿Está listo para pedir?

ご注文をお伺いしても
よろしいですか？
go chūmon wo o ukagai shi te mo
yoroshī desu ka?

¿Qué quieren pedir?

ご注文は何にしますか？
go chūmon wa nani ni shi masu ka ?

Yo quiero …

…を下さい。
… wo kudasai

Soy vegetariano.

私はベジタリアンです。
watashi wa bejitarian desu

carne

肉
niku

pescado

魚
sakana

verduras

野菜
yasai

¿Tiene platos para vegetarianos?

ベジタリアン向けの料理はありますか？
bejitarian muke no ryōri
wa ari masu ka?

No como cerdo.

私は豚肉を食べません。
watashi wa butaniku o tabe masen

Él /Ella/ no come carne.

彼 /彼女/ は肉を食べません。
kare /kanojo/ wa niku o tabe masen

Soy alérgico a …

私は…にアレルギーがあります
watashi wa … ni arerugī ga ari masu

¿Me puede traer …, por favor?

…を持ってきてもらえますか
… wo motte ki te morae masu ka

sal | pimienta | azúcar

塩 ｜ 胡椒 ｜ 砂糖
shio | koshō | satō

café | té | postre

コーヒー ｜ お茶 ｜ デザート
kōhī | ocha | dezāto

agua | con gas | sin gas

水 ｜ スパークリングウォーター ｜ 真水
mizu | supāku ringu wōtā | mamizu

una cuchara | un tenedor | un cuchillo

スプーン ｜ フォーク ｜ ナイフ
supūn | fōku | naifu

un plato | una servilleta

プレート ｜ ナプキン
purēto | napukin

¡Buen provecho!

どうぞお召し上がりください
dōzo omeshiagari kudasai

Uno más, por favor.

もう一つお願いします。
mō hitotsu onegai shi masu

Estaba delicioso.

とても美味しかったです。
totemo oishikatta desu

---

la cuenta | el cambio | la propina

勘定 ｜ おつり ｜ チップ
kanjō | o tsuri | chippu

La cuenta, por favor.

お勘定をお願いします。
o kanjō wo onegai shi masu

¿Puedo pagar con tarjeta?

カードで支払いができますか？
kādo de shiharai ga deki masu ka ?

Perdone, aquí hay un error.

すみません、間違いがあります。
sumimasen, machigai ga ari masu

De Compras

¿Puedo ayudarle?	いらっしゃいませ。 irasshai mase
¿Tiene …?	…をお持ちですか？ … wo o mochi desu ka ?
Busco …	…を探しています … wo sagashi te i masu
Necesito …	…が必要です … ga hitsuyō desu
Sólo estoy mirando.	ただ見ているだけです。 tada mi te iru dake desu
Sólo estamos mirando.	私たちはただ見ているだけです。 watashi tachi wa tada mi te iru dake desu
Volveré más tarde.	また後で来ます。 mata atode ki masu
Volveremos más tarde.	また後で来ます。 mata atode ki masu
descuentos | oferta	値引き ｜ セール nebiki | sēru
Por favor, enséñeme …	…を見せていただけますか … wo mise te itadake masu ka
¿Me puede dar …, por favor?	…をいただけますか … wo itadake masu ka
¿Puedo probarmelo?	試着できますか？ shichaku deki masu ka ?
Perdone, ¿dónde están los probadores?	すみません、試着室は どこですか？ sumimasen, shichaku shitsu wa doko desu ka?
¿Qué color le gustaría?	どの色がお好みですか？ dono iro ga o konomi desu ka ?
la talla | el largo	サイズ ｜ 長さ saizu | naga sa
¿Cómo le queda? (¿Está bien?)	サイズは合いましたか？ saizu wa ai mashi ta ka ?
¿Cuánto cuesta esto?	これはいくらですか？ kore wa ikura desu ka ?
Es muy caro.	高すぎます。 takasugi masu
Me lo llevo.	これにします。 kore ni shi masu

Perdone, ¿dónde está la caja?
すみません、どこで支払いますか？
sumimasen, doko de shiharai masu ka ?

¿Pagará en efectivo o con tarjeta?
現金とクレジットカードのどちら
でお支払いされますか？
genkin to kurejittokādo no dochira
de o shiharai sare masu ka?

en efectivo | con tarjeta
現金 | クレジットカード
genkin | kurejittokādo

¿Quiere el recibo?
レシートはお入り用ですか？
reshīto ha oiriyō desu ka ?

Sí, por favor.
お願いします。
onegai shi masu

No, gracias.
いえ、結構です。
ie, kekkō desu

Gracias. ¡Que tenga un buen día!
ありがとうございます。良い一日を！
arigatō gozai masu. yoi ichi nichi wo !

En la ciudad

Perdone, por favor.	すみません、… sumimasen, …
Busco …	…を探しています watashi wa … wo sagashi te i masu
el metro	地下鉄 chikatetsu
mi hotel	ホテル hoteru
el cine	映画館 eiga kan
una parada de taxis	タクシー乗り場 takushī noriba
un cajero automático	ATM ētīemu
una oficina de cambio	両替所 ryōgae sho
un cibercafé	インターネットカフェ intānetto kafe
la calle …	…通り … tōri
este lugar	この場所 kono basho
¿Sabe usted dónde está …?	…がどこにあるかご存知ですか? … ga doko ni aru ka gozonji desu ka ?
¿Cómo se llama esta calle?	この通りの名前は何ですか? kono michi no namae wa nani desu ka ?
Muestreme dónde estamos ahora.	今どこにいるかを教えて下さい。 ima doko ni iru ka wo oshie te kudasai
¿Puedo llegar a pie?	そこまで歩いて行けますか? soko made arui te ike masu ka?
¿Tiene un mapa de la ciudad?	市内地図をお持ちですか? shinai chizu wo o mochi desu ka ?
¿Cuánto cuesta la entrada?	チケットはいくらですか? chiketto wa ikura desu ka ?
¿Se pueden hacer fotos aquí?	ここで写真を撮ってもいいですか? koko de shashin wo totte mo ī desu ka ?
¿Está abierto?	開いていますか? hirai te i masu ka ?

¿A qué hora abren?　　　　何時に開きますか？
　　　　　　　　　　　　　nan ji ni hiraki masu ka ?

¿A qué hora cierran?　　　何時に閉まりますか？
　　　　　　　　　　　　　nan ji ni shimari masu ka ?

Dinero

dinero	お金 okane
efectivo	現金 genkin
billetes	紙幣 shihei
monedas	おつり o tsuri
la cuenta | el cambio | la propina	勘定 ｜ おつり ｜ チップ kanjō | o tsuri | chippu
la tarjeta de crédito	クレジットカード kurejittokādo
la cartera	財布 saifu
comprar	買う kau
pagar	支払う shiharau
la multa	罰金 bakkin
gratis	無料 muryō
¿Dónde puedo comprar …?	…はどこで買えますか？ … wa doko de kae masu ka ?
¿Está el banco abierto ahora?	銀行は今開いていますか？ ginkō wa ima hirai te i masu ka ?
¿A qué hora abre?	いつ開きますか？ itsu hiraki masu ka ?
¿A qué hora cierra?	いつ閉まりますか？ itsu shimari masu ka ?
¿Cuánto cuesta?	いくらですか？ ikura desu ka ?
¿Cuánto cuesta esto?	これはいくらですか？ kore wa ikura desu ka ?
Es muy caro.	高すぎます。 takasugi masu
Perdone, ¿dónde está la caja?	すみません、レジはどこですか？ sumimasen, reji wa doko desu ka ?
La cuenta, por favor.	勘定をお願いします。 kanjō wo onegai shi masu

¿Puedo pagar con tarjeta?	カードで支払いができますか？ kādo de shiharai ga deki masu ka ?
¿Hay un cajero por aquí?	ここにＡＴＭはありますか？ kokoni ētīemu wa ari masu ka ?
Busco un cajero automático.	ＡＴＭを探しています。 ētīemu wo sagashi te i masu

Busco una oficina de cambio.	両替所を探しています。 ryōgae sho wo sagashi te i masu
Quisiera cambiar …	両替をしたいのですが… ryōgae wo shi tai no desu ga…
¿Cuál es el tipo de cambio?	為替レートはいくらですか？ kawase rēto wa ikura desu ka ?
¿Necesita mi pasaporte?	パスポートは必要ですか？ pasupōto ha hituyō desu ka ?

Tiempo

¿Qué hora es?	何時ですか？ nan ji desu ka ?
¿Cuándo?	いつですか？ i tsu desu ka ?
¿A qué hora?	何時にですか？ nan ji ni desu ka ?
ahora | luego | después de …	今 | 1後で | …の後 ima |ato de | … no ato

la una	1時 ichi ji
la una y cuarto	1時 15分 ichi ji jyū go fun
la una y medio	1時半 ichi ji han
las dos menos cuarto	1時45分 ichi ji yon jyū go fun

una | dos | tres	1 | 2 | 3 ichi | ni | san
cuatro | cinco | seis	4 | 5 | 6 yonn | go |roku
siete | ocho | nueve	7 | 8 | 9 shichi | hachi | kyū
diez | once | doce	10 | 11 | 12 jyū | jyūichi | jyūni

en …	…後 … go
cinco minutos	5分 go fun
diez minutos	10分 juppun
quince minutos	15分 jyū go fun
veinte minutos	20分 nijuppun

media hora	30分 sanjuppun
una hora	一時間 ichi jikan
por la mañana	朝に asa ni

por la mañana temprano	早朝 sōchō
esta mañana	今朝 kesa
mañana por la mañana	明日の朝 ashita no asa
al mediodía	ランチのときに ranchi no toki ni
por la tarde	午後に gogo ni
por la noche	夕方 yūgata
esta noche	今夜 konya
por la noche	夜 yoru
ayer	昨日 kinō
hoy	今日 kyō
mañana	明日 ashita
pasado mañana	あさって asatte
¿Qué día es hoy?	今日は何曜日ですか？ kyō wa nan yōbi desu ka ?
Es …	…です … desu
lunes	月曜日 getsuyōbi
martes	火曜日 kayōbi
miércoles	水曜日 suiyōbi
jueves	木曜日 mokuyōbi
viernes	金曜日 kinyōbi
sábado	土曜日 doyōbi
domingo	日曜日 nichiyōbi

Saludos. Presentaciones.

Hola.
こんにちは。
konnichiwa

Encantado /Encantada/ de conocerle.
お会いできて嬉しいです。
o aideki te ureshī desu

Yo también.
こちらこそ。
kochira koso

Le presento a …
…さんに会わせていただきたいのですが
… san ni awasete itadaki tai no desu ga

Encantado.
初めまして。
hajime mashite

¿Cómo está?
お元気ですか？
o genki desu ka ?

Me llamo …
私の名前は…です
watashi no namae wa … desu

Se llama …
彼の名前は…です
kare no namae wa … desu

Se llama …
彼女の名前は…です
kanojo no namae wa … desu

¿Cómo se llama (usted)?
お名前は何ですか？
o namae wa nan desu ka ?

¿Cómo se llama (él)?
彼の名前は何ですか？
kare no namae wa nan desu ka ?

¿Cómo se llama (ella)?
彼女の名前は何ですか？
kanojo no namae wa nan desu ka ?

¿Cuál es su apellido?
苗字は何ですか？
myōji wa nan desu ka ?

Puede llamarme …
…と呼んで下さい
… to yon de kudasai

¿De dónde es usted?
ご出身はどちらですか？
go shusshin wa dochira desu ka ?

Yo soy de ….
…の出身です
… no shusshin desu

¿A qué se dedica?
お仕事は何をされていますか？
o shigoto wa nani wo sare te i masu ka ?

¿Quién es?
誰ですか？
dare desu ka ?

¿Quién es él?
彼は誰ですか？
kare wa dare desu ka ?

¿Quién es ella?
彼女は誰ですか？
kanojo wa dare desu ka ?

¿Quiénes son?
彼らは誰ですか？
karera wa dare desu ka ?

Este es …	こちらは…
	kochira wa …
mi amigo	私の友達です
	watashi no tomodachi desu
mi amiga	私の友達です
	watashi no tomodachi desu
mi marido	私の主人です
	watashi no shujin desu
mi mujer	私の妻です
	watashi no tsuma desu
mi padre	私の父です
	watashi no chichi desu
mi madre	私の母です
	watashi no haha desu
mi hermano	私の兄です
	watashi no ani desu
mi hermana	私の妹です
	watashi no imōto desu
mi hijo	私の息子です
	watashi no musuko desu
mi hija	私の娘です
	watashi no musume desu
Este es nuestro hijo.	私たちの息子です。
	watashi tachi no musuko desu
Esta es nuestra hija.	私たちの娘です。
	watashi tachi no musume desu
Estos son mis hijos.	私の子供です。
	watashi no kodomo desu
Estos son nuestros hijos.	私たちの子供です。
	watashi tachi no kodomo desu

Despedidas

¡Adiós!
さようなら！
sayōnara !

¡Chau!
じゃあね！
jā ne !

Hasta mañana.
また明日。
mata ashita

Hasta pronto.
またね。
mata ne

Te veo a las siete.
7時に会おう。
shichi ji ni ao u

¡Que se diviertan!
楽しんでね！
tanoshin de ne !

Hablamos más tarde.
じゃあ後で。
jā atode

Que tengas un buen fin de semana.
良い週末を。
yoi shūmatsu wo

Buenas noches.
お休みなさい。
o yasuminasai

Es hora de irme.
もう時間です。
mō jikan desu

Tengo que irme.
もう行かなければなりません。
mō ika nakere ba nari masen

Ahora vuelvo.
すぐ戻ります。
sugu modori masu

Es tarde.
もう遅いです。
mō osoi desu

Tengo que levantarme temprano.
早く起きなければいけません。
hayaku oki nakere ba ike masen

Me voy mañana.
明日出発します。
ashita shuppatsu shi masu

Nos vamos mañana.
私たちは明日出発します。
watashi tachi wa ashita shuppatsu shi masu

¡Que tenga un buen viaje!
旅行を楽しんで下さい！
ryokō wo tanoshin de kudasai !

Ha sido un placer.
お会いできて嬉しかったです。
o shiriai ni nare te uresikatta desu

Fue un placer hablar con usted.
お話できて良かったです。
ohanashi deki te yokatta desu

Gracias por todo.

色々とありがとうございました。
iroiro to arigatō gozai mashi ta

Lo he pasado muy bien.

とても楽しかったです。
totemo tanoshikatta desu

Lo pasamos muy bien.

とても楽しかったです。
totemo tanoshikatta desu

Fue genial.

とても楽しかった。
totemo tanoshikatta

Le voy a echar de menos.

寂しくなります。
sabishiku nari masu

Le vamos a echar de menos.

寂しくなります。
sabishiku nari masu

¡Suerte!

幸運を祈るよ！
kōun wo inoru yo !

Saludos a …

…に宜しくお伝え下さい。
… ni yoroshiku otsutae kudasai

Idioma extranjero

No entiendo.
分かりません。
wakari masen

Escríbalo, por favor.
それを書いて頂けますか？
sore wo kai te itadake masu ka ?

¿Habla usted ...?
…語で話せますか？
… go de hanase masu ka ?

Hablo un poco de …
…を少し話せます
…wo sukoshi hanase masu

inglés
英語
eigo

turco
トルコ語
toruko go

árabe
アラビア語
arabia go

francés
フランス語
furansu go

alemán
ドイツ語
doitsu go

italiano
イタリア語
itaria go

español
スペイン語
supein go

portugués
ポルトガル語
porutogaru go

chino
中国語
chūgoku go

japonés
日本語
nihon go

¿Puede repetirlo, por favor?
もう一度言っていただけますか。
mōichido itte itadake masuka

Lo entiendo.
分かりました。
wakari mashi ta

No entiendo.
分かりません。
wakari masen

Hable más despacio, por favor.
もう少しゆっくり話して下さい。
mōsukoshi yukkuri hanashi te kudasai

¿Está bien?
これで合っていますか？
kore de atte i masu ka ?

¿Qué es esto? (¿Que significa esto?)
これは何ですか？
kore wa nan desu ka ?

Disculpas

Perdone, por favor.
すみませんがお願いします。
sumimasen ga onegai shi masu

Lo siento.
ごめんなさい。
gomennasai

Lo siento mucho.
本当にごめんなさい。
hontōni gomennasai

Perdón, fue culpa mía.
ごめんなさい、私のせいです。
gomennasai, watashi no sei desu

Culpa mía.
私の間違いでした。
watashi no machigai deshi ta

¿Puedo ...?
…してもいいですか？
… shi te mo ī desu ka ?

¿Le molesta si ...?
…してもよろしいですか？
… shi te mo yoroshī desu ka ?

¡No hay problema! (No pasa nada.)
構いません。
kamai masen

Todo está bien.
大丈夫です。
daijōbu desu

No se preocupe.
それについては心配しないで下さい。
sore ni tuitewa shinpai shi nai
de kudasai

Acuerdos

Sí.
はい。
hai

Sí, claro.
はい、もちろん。
hai, mochiron

Bien.
わかりました。
wakari mashi ta

Muy bien.
いいですよ。
ī desuyo

¡Claro que sí!
もちろん！
mochiron !

Estoy de acuerdo.
賛成です。
sansei desu

Es verdad.
それは正しい。
sore wa tadashī

Es correcto.
それは正しい。
sore wa tadashī

Tiene razón.
あなたは合っています。
anata wa atte imasu

No me molesta.
気にしていません。
kinisite imasen

Es completamente cierto.
完全に正しいです。
kanzen ni tadashī desu

Es posible.
それは可能です。
sore wa kanō desu

Es una buena idea.
それはいい考えです。
sore wa ī kangae desu

No puedo decir que no.
断ることができません。
kotowaru koto ga deki masen

Estaré encantado /encantada/.
喜んで。
yorokon de

Será un placer.
喜んで。
yorokon de

Rechazo. Expresar duda

No.
いいえ。
īe

Claro que no.
もちろん、違います。
mochiron, chigai masu

No estoy de acuerdo.
賛成できません。
sansei deki masen

No lo creo.
そうは思いません。
sō wa omoi masen

No es verdad.
それは事実ではありません。
sore wa jijitsu de wa ari masen

No tiene razón.
あなたは間違っています。
anata wa machigatte i masu

Creo que no tiene razón.
あなたは間違っていると思います。
anata wa machigatte iru to omoi masu

No estoy seguro /segura/.
わかりません。
wakari masen

No es posible.
それは不可能です。
sore wa fukanō desu

¡Nada de eso!
まさか！
masaka !

Justo lo contrario.
全く反対です。
mattaku hantai desu

Estoy en contra de ello.
反対です。
hantai desu

No me importa. (Me da igual.)
構いません。
kamai masen

No tengo ni idea.
全く分かりません。
mattaku wakari masen

Dudo que sea así.
それはどうでしょう。
sore wa dō desyō

Lo siento, no puedo.
申し訳ありませんが、できません。
mōshiwake arimasenga, deki masen

Lo siento, no quiero.
申し訳ありませんが、遠慮させて
いただきたいのです。
mōshiwake arimasenga,ennryosasete
itadakitai no desu

Gracias, pero no lo necesito.
ありがとうございます。でもそれは
必要ではありません。
arigatō gozai masu. demo sore wa
hitsuyō de wa ari masen

Ya es tarde.	もう遅いです。 mō osoi desu
Tengo que levantarme temprano.	早く起きなければいけません。 hayaku oki nakere ba ike masen
Me encuentro mal.	気分が悪いのです。 kibun ga warui nodesu

Expresar gratitud

Gracias.	ありがとうございます。 arigatō gozai masu
Muchas gracias.	どうもありがとうございます。 dōmo arigatō gozai masu
De verdad lo aprecio.	本当に感謝しています。 hontōni kansha shi te i masu
Se lo agradezco.	あなたに本当に感謝しています。 anata ni hontōni kansha shi te i masu
Se lo agradecemos.	私たちはあなたに本当に 感謝しています。 watashi tachi wa anata ni hontōni kansha shi te i masu

Gracias por su tiempo.	お時間を頂きましてありがとう ございました。 o jikan wo itadaki mashi te arigatō gozai mashi ta
Gracias por todo.	何もかもありがとうございました。 nanimokamo arigatō gozai mashi ta
Gracias por …	…をありがとうございます … wo arigatō gozai masu
su ayuda	助けて頂いて tasuke te itadai te
tan agradable momento	すばらしい時間 subarashī jikan

una comida estupenda	素敵なお料理 suteki na o ryōri
una velada tan agradable	楽しい夜 tanoshī yoru
un día maravilloso	素晴らしい 1日 subarashī ichinichi
un viaje increíble	楽しい旅 tanoshī tabi

No hay de qué.	どういたしまして。 dōitashimashite
De nada.	どういたしまして。 dōitashimashite
Siempre a su disposición.	いつでもどうぞ。 itsu demo dōzo
Encantado /Encantada/ de ayudarle.	どういたしまして。 dōitashimashite

No hay de qué.　　　　　　　　　忘れて下さい。
　　　　　　　　　　　　　　　　wasure te kudasai

No tiene importancia.　　　　　　心配しないで下さい。
　　　　　　　　　　　　　　　　shinpai shi nai de kudasai

Felicitaciones , Mejores Deseos

¡Felicidades!　　　　　　　　　おめでとうございます！
　　　　　　　　　　　　　　　　omedetō gozai masu !

¡Feliz Cumpleaños!　　　　　　　お誕生日おめでとうございます！
　　　　　　　　　　　　　　　　o tanjō bi omedetō gozai masu !

¡Feliz Navidad!　　　　　　　　　メリークリスマス！
　　　　　　　　　　　　　　　　merīkurisumasu !

¡Feliz Año Nuevo!　　　　　　　　新年明けましておめでとう
　　　　　　　　　　　　　　　　ございます！
　　　　　　　　　　　　　　　　shinnen ake mashi te omedetō
　　　　　　　　　　　　　　　　gozai masu !

¡Felices Pascuas!　　　　　　　　イースターおめでとうございます！
　　　　　　　　　　　　　　　　īsutā omedetō gozai masu !

¡Feliz Hanukkah!　　　　　　　　ハヌカおめでとうございます！
　　　　　　　　　　　　　　　　hanuka omedetō gozai masu !

Quiero brindar.　　　　　　　　　乾杯をあげたいです。
　　　　　　　　　　　　　　　　kanpai wo age tai desu

¡Salud!　　　　　　　　　　　　　乾杯！
　　　　　　　　　　　　　　　　kanpai !

¡Brindemos por …!　　　　　　　…のために乾杯しましょう！
　　　　　　　　　　　　　　　　… no tame ni kanpai shi masho u !

¡A nuestro éxito!　　　　　　　　我々の成功のために！
　　　　　　　　　　　　　　　　wareware no seikō no tame ni !

¡A su éxito!　　　　　　　　　　あなたの成功のために！
　　　　　　　　　　　　　　　　anata no seikō no tame ni !

¡Suerte!　　　　　　　　　　　　幸運を祈るよ！
　　　　　　　　　　　　　　　　kōun wo inoru yo !

¡Que tenga un buen día!　　　　　良い一日をお過ごし下さい！
　　　　　　　　　　　　　　　　yoi ichi nichi wo osugoshi kudasai !

¡Que tenga unas buenas vacaciones!　良い休日をお過ごし下さい！
　　　　　　　　　　　　　　　　yoi kyūjitsu wo osugoshi kudasai !

¡Que tenga un buen viaje!　　　　道中ご無事で！
　　　　　　　　　　　　　　　　dōtyū gobujide!

¡Espero que se recupere pronto!　早く良くなるといいですね！
　　　　　　　　　　　　　　　　hayaku yoku naru to ī desu ne !

Socializarse

¿Por qué está triste?	なぜ悲しいのですか？ naze kanashī no desu ka ?
¡Sonría! ¡Anímese!	笑って！　元気を出してください！ waratte ! genki wo dashite kudasai !
¿Está libre esta noche?	今夜あいていますか？ konya ai te i masu ka ?
¿Puedo ofrecerle algo de beber?	何か飲みますか？ nani ka nomi masu ka ?
¿Querría bailar conmigo?	踊りませんか？ odori masen ka ?
Vamos a ir al cine.	映画に行きましょう。 eiga ni iki masho u
¿Puedo invitarle a ...?	…へ誘ってもいいですか？ … e sasotte mo ī desu ka ?
un restaurante	レストラン resutoran
el cine	映画 eiga
el teatro	劇場 gekijō
dar una vuelta	散歩 sanpo
¿A qué hora?	何時に？ nan ji ni ?
esta noche	今晩 konban
a las seis	6時 roku ji
a las siete	7時 shichi ji
a las ocho	8時 hachi ji
a las nueve	9時 kyū ji
¿Le gusta este lugar?	ここが好きですか？ koko ga suki desu ka ?
¿Está aquí con alguien?	ここで誰かと一緒ですか？ koko de dare ka to issyodesu ka ?
Estoy con mi amigo /amiga/.	友達と一緒です。 tomodachi to issho desu

Estoy con amigos.

友人たちと一緒です。
yūjin tachi to issho desu

No, estoy solo /sola/.

いいえ、一人です。
īe, hitori desu

¿Tienes novio?

彼氏いるの？
kareshi iru no ?

Tengo novio.

私は彼氏がいます。
watashi wa kareshi ga i masu

¿Tienes novia?

彼女いるの？
kanojo iru no ?

Tengo novia.

私は彼女がいます。
watashi wa kanojo ga i masu

¿Te puedo volver a ver?

また会えるかな？
mata aeru ka na ?

¿Te puedo llamar?

電話してもいい？
denwa shi te mo ī ?

Llámame.

電話してね。
denwa shi te ne

¿Cuál es tu número?

電話番号は？
denwa bangō wa ?

Te echo de menos.

寂しくなるよ。
sabishiku naru yo

¡Qué nombre tan bonito!

綺麗なお名前ですね。
kirei na o namae desu ne

Te quiero.

愛しているよ。
aishi te iru yo

¿Te casarías conmigo?

結婚しようか
kekkon shiyo u ka

¡Está de broma!

冗談でしょう！
jōdan dessyō!

Sólo estoy bromeando.

冗談だよ。
jōdan da yo

¿En serio?

本気ですか？
honki desuka ?

Lo digo en serio.

本気です。
honki desu

¿De verdad?

本当ですか？！
hontō desu ka ?!

¡Es increíble!

信じられません！
shinjirare masen !

No le creo.

あなたは信じられません。
anata wa shinjirare masen

No puedo.

私にはできません。
watashi ni wa deki masen

No lo sé.

わかりません。
wakari masen

No le entiendo.

おっしゃることが分かりません。
ossharu koto ga wakari masen

Váyase, por favor.
出ていって下さい。
de te itte kudasai

¡Déjeme en paz!
ほっといて下さい！
hottoi te kudasai !

Es inaguantable.
彼には耐えられない。
kare ni wa taerare nai

¡Es un asqueroso!
いやな人ですね！
iyana hito desu ne !

¡Llamaré a la policía!
警察を呼びますよ！
keisatsu wo yobi masuyo !

Compartir impresiones. Emociones

Me gusta.	これが好きです。 kore ga suki desu
Muy lindo.	とても素晴らしい。 totemo subarashī
¡Es genial!	それはすばらしいです！ sore wa subarashī desu !
No está mal.	それは悪くはないです。 sore wa waruku wa nai desu
No me gusta.	それが好きではありません。 sore ga suki de wa ari masen
No está bien.	それはよくないです。 sore wa yoku nai desu
Está mal.	それはひどいです。 sore wa hidoi desu
Está muy mal.	それはとてもひどいです。 sore wa totemo hidoi desu
¡Qué asco!	それは最悪です。 sore wa saiaku desu
Estoy feliz.	幸せです。 shiawase desu
Estoy contento /contenta/.	満足しています。 manzoku shi te i masu
Estoy enamorado /enamorada/.	好きな人がいます。 suki na hito ga i masu
Estoy tranquilo.	冷静です。 reisei desu
Estoy aburrido.	退屈です。 taikutsu desu
Estoy cansado /cansada/.	疲れています。 tsukare te i masu
Estoy triste.	悲しいです。 kanashī desu
Estoy asustado.	怖いです。 kowai desu
Estoy enfadado /enfadada/.	腹が立ちます。 haraga tachi masu
Estoy preocupado /preocupada/.	心配しています。 shinpai shi te i masu
Estoy nervioso /nerviosa/.	緊張しています。 kinchō shi te i masu

Estoy celoso /celosa/.　　　　　　嫉妬しています。
　　　　　　　　　　　　　　　　shitto shi te i masu

Estoy sorprendido /sorprendida/.　驚いています。
　　　　　　　　　　　　　　　　odoroi te i masu

Estoy perplejo /perpleja/.　　　　恥ずかしいです。
　　　　　　　　　　　　　　　　hazukashī desu

Problemas, Accidentes

Tengo un problema.	困っています。 komatte imasu
Tenemos un problema.	困っています。 komatte imasu
Estoy perdido /perdida/.	道に迷いました。 michi ni mayoi mashi ta
Perdí el último autobús (tren).	最終バス（電車）を逃しました。 saishūbasu (densha) wo nogashi mashi ta
No me queda más dinero.	もうお金がありません。 mō okane ga ari masen
He perdido …	…を失くしました … wo nakushi mashi ta
Me han robado …	…を盗まれました … wo nusumare mashi ta
mi pasaporte	パスポート pasupōto
mi cartera	財布 saifu
mis papeles	書類 shorui
mi billete	切符 kippu
mi dinero	お金 okane
mi bolso	ハンドバック handobakku
mi cámara	カメラ kamera
mi portátil	ノートパソコン nōto pasokon
mi tableta	タブレット型コンピューター taburetto gata konpyūtā
mi teléfono	携帯電話 keitai denwa
¡Ayúdeme!	助けて下さい！ tasuke te kudasai !
¿Qué pasó?	どうしましたか？ dō shi mashi ta ka ?

el incendio	火災 kasai
un tiroteo	発砲 happō
el asesinato	殺人 satsujin
una explosión	爆発 bakuhatsu
una pelea	けんか kenka

¡Llame a la policía!	警察を呼んで下さい！ keisatsu wo yon de kudasai !
¡Más rápido, por favor!	急いで下さい！ isoi de kudasai !
Busco la comisaría.	警察署を探しています。 keisatsu sho wo sagashi te imasu
Tengo que hacer una llamada.	電話をしなければなりません。 denwa wo shi nakere ba nari masen
¿Puedo usar su teléfono?	お電話をお借りしても良いですか？ o denwa wo o karishi te mo ī desu ka ?

Me han …	…されました … sare mashi ta
asaltado /asaltada/	強盗 gōtō
robado /robada/	盗まれる nusumareru
violada	レイプ reipu
atacado /atacada/	暴行される bōkō sareru

¿Se encuentra bien?	大丈夫ですか？ daijōbu desu ka ?
¿Ha visto quien a sido?	誰が犯人か見ましたか？ dare ga hanninn ka mi mashi ta ka ?
¿Sería capaz de reconocer a la persona?	その人がどんな人か 分かりますか？ sono hito ga donna hito ka wakari masu ka?
¿Está usted seguro?	本当に大丈夫ですか？ hontōni daijōbu desu ka ?

Por favor, cálmese.	落ち着いて下さい。 ochitsui te kudasai
¡Cálmese!	気楽に！ kiraku ni !
¡No se preocupe!	心配しないで！ shinpai shi nai de !
Todo irá bien.	大丈夫ですから。 daijōbu desu kara

Todo está bien.

大丈夫ですから。
daijōbu desu kara

Venga aquí, por favor.

こちらに来て下さい。
kochira ni ki te kudasai

Tengo unas preguntas para usted.

いくつかお伺いしたいことがあります。
ikutuka o ukagai shi tai koto ga ari masu

Espere un momento, por favor.

少しお待ち下さい。
sukoshi omachi kudasai

¿Tiene un documento de identidad?

身分証明書はお持ちですか？
mibun shōmei sho wa o mochi desu ka ?

Gracias. Puede irse ahora.

ありがとうございます。もう
行っていいですよ。
arigatō gozai masu. mō
itte ī desuyo

¡Manos detrás de la cabeza!

両手を頭の後ろで組みなさい！
ryōute wo atama
no ushiro de kuminasai !

¡Está arrestado!

逮捕します
taiho shi masu

Problemas de salud

Ayudeme, por favor.　　助けて下さい。
tasuke te kudasai

No me encuentro bien.　　気分が悪いのです。
kibun ga warui nodesu

Mi marido no se encuentra bien.　　主人の具合が悪いのです。
shujin no guai ga warui no desu

Mi hijo …　　息子の…
musuko no …

Mi padre …　　父の…
chichi no …

Mi mujer no se encuentra bien.　　妻の具合が悪いのです。
tsuma no guai ga warui no desu

Mi hija …　　娘の…
musume no …

Mi madre …　　母の…
haha no …

Me duele …　　…がします
… ga shi masu

la cabeza　　頭痛
zutsū

la garganta　　喉が痛い
nodo ga itai

el estómago　　腹痛
fukutsū

un diente　　歯痛
shitsū

Estoy mareado.　　めまいがします。
memai ga shi masu

Él tiene fiebre.　　彼は熱があります。
kare wa netsu ga ari masu

Ella tiene fiebre.　　彼女は熱があります。
kanojo wa netsu ga ari masu

No puedo respirar.　　息ができません。
iki ga deki masen

Me ahogo.　　息切れがします。
ikigire ga shi masu

Tengo asma.　　喘息です。
zensoku desu

Tengo diabetes.　　糖尿病です。
tōnyō byō desu

No puedo dormir.	不眠症です。 huminsyō desu
intoxicación alimentaria	食中毒 shokuchūdoku

Me duele aquí.	ここが痛いです。 koko ga itai desu
¡Ayúdeme!	助けて下さい！ tasuke te kudasai !
¡Estoy aquí!	ここにいます！ koko ni i masu !
¡Estamos aquí!	私たちはここにいます！ watashi tachi wa koko ni i masu !
¡Saquenme de aquí!	ここから出して下さい！ koko kara dashi te kudasai !
Necesito un médico.	医者に診せる必要があります。 isha ni miseru hituyō ga arimasu
No me puedo mover.	動けません！ ugoke masen !
No puedo mover mis piernas.	足が動きません。 ashi ga ugoki masen

Tengo una herida.	傷があります。 kizu ga ari masu
¿Es grave?	それは重傷ですか？ sore wa jūsyō desu ka ?
Mis documentos están en mi bolsillo.	私に関する書類はポケットに入っています。 watashi nikansuru shorui wa poketto ni haitte i masu
¡Cálmese!	落ち着いて下さい！ ochitsui te kudasai !
¿Puedo usar su teléfono?	お電話をお借りしても良いですか？ o denwa wo o karishi te mo ī desu ka ?

¡Llame a una ambulancia!	救急車を呼んで下さい！ kyūkyū sha wo yon de kudasai !
¡Es urgente!	緊急です！ kinkyū desu !
¡Es una emergencia!	緊急です！ kinkyū desu !
¡Más rápido, por favor!	急いで下さい！ isoi de kudasai !
¿Puede llamar a un médico, por favor?	医者を呼んでいただけますか？ isha wo yon de itadake masu ka ?
¿Dónde está el hospital?	病院はどこですか？ byōin wa doko desu ka ?

¿Cómo se siente?	ご気分はいかがですか？ gokibun wa ikaga desu ka ?
¿Se encuentra bien?	大丈夫ですか？ daijōbu desu ka ?

¿Qué pasó?

どうしましたか？
dō shi mashi ta ka ?

Me encuentro mejor.

もう気分が良くなりました。
mō kibun ga yoku narimashita

Está bien.

大大夫です。
daijōbu desu

Todo está bien.

大大夫です。
daijōbu desu

En la farmacia

la farmacia	薬局 yakkyoku
la farmacia 24 horas	２４時間営業の薬局 nijyū yo jikan eigyō no yakkyoku
¿Dónde está la farmacia más cercana?	一番近くの薬局はどこですか？ ichiban chikaku no yakkyoku wa doko desu ka?

¿Está abierta ahora?	今開いていますか？ ima ai te i masu ka ?
¿A qué hora abre?	何時に開きますか？ nan ji ni aki masu ka ?
¿A qué hora cierra?	何時に閉まりますか？ nan ji ni shimari masu ka ?

¿Está lejos?	遠いですか？ tōi desu ka ?
¿Puedo llegar a pie?	そこまで歩いて行けますか？ soko made arui te ike masu ka ?
¿Puede mostrarme en el mapa?	地図で教えて頂けますか？ chizu de oshie te itadake masu ka ?

Por favor, deme algo para ...	何か…に効くものを下さい nani ka ... ni kiku mono wo kudasai
un dolor de cabeza	頭痛 zutsū
la tos	咳 seki
el resfriado	風邪 kaze
la gripe	インフルエンザ infuruenza

la fiebre	発熱 hatsunetsu
un dolor de estomago	胃痛 itsū
nauseas	吐き気 hakike
la diarrea	下痢 geri
el estreñimiento	便秘 benpi

un dolor de espalda	腰痛 yōtsū
un dolor de pecho	胸痛 kyōtsū
el flato	脇腹の痛み wakibara no itami
un dolor abdominal	腹痛 fukutsū

la píldora	薬 kusuri
la crema	軟膏、クリーム nankō, kurīmu
el jarabe	シロップ shiroppu
el spray	スプレー supurē
las gotas	目薬 megusuri

Tiene que ir al hospital.	病院に行かなくてはなりません。 byōin ni ika naku te wa nari masen
el seguro de salud	健康保険 kenkō hoken
la receta	処方箋 shohōsen
el repelente de insectos	虫除け mushiyoke
la curita	絆創膏 bansōkō

Lo más imprescindible

Perdone, ...	すみません、…
	sumimasen, …
Hola.	こんにちは。
	konnichiwa
Gracias.	ありがとうございます。
	arigatō gozai masu

Sí.	はい。
	hai
No.	いいえ。
	īe
No lo sé.	わかりません。
	wakari masen
¿Dónde? | ¿A dónde? | ¿Cuándo?	どこ？ | どこへ？ | いつ？
	doko ? | doko e ? | i tsu ?

Necesito ...	…が必要です
	… ga hitsuyō desu
Quiero ...	したいです
	shi tai desu
¿Tiene ...?	…をお持ちですか？
	… wo o mochi desu ka ?
¿Hay ... por aquí?	ここには…がありますか？
	koko ni wa … ga ari masu ka ?
¿Puedo ...?	…してもいいですか？
	… shi te mo ī desu ka ?
..., por favor? (petición educada)	お願いします。
	onegai shi masu

Busco ...	…を探しています
	… wo sagashi te i masu
el servicio	トイレ
	toire
un cajero automático	ＡＴＭ
	ētīemu
una farmacia	薬局
	yakkyoku
el hospital	病院
	byōin

la comisaría	警察
	keisatsu
el metro	地下鉄
	chikatetsu

un taxi	タクシー takushī
la estación de tren	駅 eki

Me llamo …	私は…と申します watashi wa … to mōshi masu
¿Cómo se llama?	お名前は何ですか？ o namae wa nan desu ka ?
¿Puede ayudarme, por favor?	助けていただけますか？ tasuke te itadake masu ka ?
Tengo un problema.	困ったことがあります。 komatta koto ga arimasu
Me encuentro mal.	気分が悪いのです。 kibun ga warui nodesu
¡Llame a una ambulancia!	救急車を呼んで下さい！ kyūkyū sha wo yon de kudasai !
¿Puedo llamar, por favor?	電話をしてもいいですか？ denwa wo shi te mo ī desu ka ?

Lo siento.	ごめんなさい。 gomennasai
De nada.	どういたしまして。 dōitashimashite

Yo	私 watashi
tú	君 kimi
él	彼 kare
ella	彼女 kanojo
ellos	彼ら karera
ellas	彼女たち kanojotachi
nosotros /nosotras/	私たち watashi tachi
ustedes, vosotros	君たち kimi tachi
usted	あなた anata

ENTRADA	入り口 iriguchi
SALIDA	出口 deguchi
FUERA DE SERVICIO	故障中 koshō chū
CERRADO	休業中 kyūgyō chū

ABIERTO 営業中
eigyō chū

PARA SEÑORAS 女性用
josei yō

PARA CABALLEROS 男性用
dansei yō

MINI DICCIONARIO

Esta sección contiene 250
palabras útiles necesarias
para la comunicación diaria.
Encontrará ahí los nombres
de los meses y de los días
de la semana.
El diccionario también
contiene temas relevantes
tales como colores, medidas,
familia, y más

CONTENIDO
DEL DICCIONARIO

T&P Books Publishing

1. La hora. El calendario

tiempo (m)	時間	jikan
hora (f)	時間	jikan
media hora (f)	３０分	san jū fun
minuto (m)	分	fun, pun
segundo (m)	秒	byō
hoy (adv)	今日	kyō
mañana (adv)	明日	ashita
ayer (adv)	昨日	kinō
lunes (m)	月曜日	getsuyōbi
martes (m)	火曜日	kayōbi
miércoles (m)	水曜日	suiyōbi
jueves (m)	木曜日	mokuyōbi
viernes (m)	金曜日	kinyōbi
sábado (m)	土曜日	doyōbi
domingo (m)	日曜日	nichiyōbi
día (m)	日	nichi
día (m) de trabajo	営業日	eigyōbi
día (m) de fiesta	公休	kōkyū
fin (m) de semana	週末	shūmatsu
semana (f)	週	shū
semana (f) pasada	先週	senshū
semana (f) que viene	来週	raishū
por la mañana	朝に	asa ni
por la tarde	午後に	gogo ni
por la noche	夕方に	yūgata ni
esta noche	今夜	konya
(p.ej. 8:00 p.m.)		
por la noche	夜に	yoru ni
medianoche (f)	真夜中	mayonaka
enero (m)	一月	ichigatsu
febrero (m)	二月	nigatsu
marzo (m)	三月	sangatsu
abril (m)	四月	shigatsu
mayo (m)	五月	gogatsu
junio (m)	六月	rokugatsu
julio (m)	七月	shichigatsu
agosto (m)	八月	hachigatsu

septiembre (m)	九月	kugatsu
octubre (m)	十月	jūgatsu
noviembre (m)	十一月	jūichigatsu
diciembre (m)	十二月	jūnigatsu
en primavera	春に	haru ni
en verano	夏に	natsu ni
en otoño	秋に	aki ni
en invierno	冬に	fuyu ni
mes (m)	月	tsuki
estación (f)	季節	kisetsu
año (m)	年	nen

2. Números. Los numerales

cero	ゼロ	zero
uno	一	ichi
dos	二	ni
tres	三	san
cuatro	四	yon
cinco	五	go
seis	六	roku
siete	七	nana
ocho	八	hachi
nueve	九	kyū
diez	十	jū
once	十一	jū ichi
doce	十二	jū ni
trece	十三	jū san
catorce	十四	jū yon
quince	十五	jū go
dieciséis	十六	jū roku
diecisiete	十七	jū shichi
dieciocho	十八	jū hachi
diecinueve	十九	jū kyū
veinte	二十	ni jū
treinta	三十	san jū
cuarenta	四十	yon jū
cincuenta	五十	go jū
sesenta	六十	roku jū
setenta	七十	nana jū
ochenta	八十	hachi jū
noventa	九十	kyū jū
cien	百	hyaku

doscientos	二百	ni hyaku
trescientos	三百	san byaku
cuatrocientos	四百	yon hyaku
quinientos	五百	go hyaku
seiscientos	六百	roppyaku
setecientos	七百	nana hyaku
ochocientos	八百	happyaku
novecientos	九百	kyū hyaku
mil	千	sen
diez mil	一万	ichiman
cien mil	１０万	jyūman
millón (m)	百万	hyakuman
mil millones	十億	jūoku

3. El ser humano. Los familiares

hombre (m) (varón)	男性	dansei
joven (m)	若者	wakamono
mujer (f)	女性	josei
muchacha (f)	少女	shōjo
anciano (m)	老人	rōjin
anciana (f)	老婦人	rō fujin
madre (f)	母親	hahaoya
padre (m)	父親	chichioya
hijo (m)	息子	musuko
hija (f)	娘	musume
hermano (m)	兄、弟、兄弟	ani, otōto, kyoōdai
hermana (f)	姉、妹、姉妹	ane, imōto, shimai
padres (pl)	親	oya
niño -a (m, f)	子供	kodomo
niños (pl)	子供	kodomo
madrastra (f)	継母	keibo
padrastro (m)	継父	keifu
abuela (f)	祖母	sobo
abuelo (m)	祖父	sofu
nieto (m)	孫息子	mago musuko
nieta (f)	孫娘	mago musume
nietos (pl)	孫	mago
tío (m)	伯父	oji
tía (f)	伯母	oba
sobrino (m)	甥	oi
sobrina (f)	姪	mei
mujer (f)	妻	tsuma

marido (m)	夫	otto
casado (adj)	既婚の	kikon no
casada (adj)	既婚の	kikon no
viuda (f)	未亡人	mibōjin
viudo (m)	男やもめ	otokoyamome
nombre (m)	名前	namae
apellido (m)	姓	sei
pariente (m)	親戚	shinseki
amigo (m)	友達	tomodachi
amistad (f)	友情	yūjō
compañero (m)	パートナー	pātonā
superior (m)	上司、上役	jōshi, uwayaku
colega (m, f)	同僚	dōryō
vecinos (pl)	隣人	rinjin

4. El cuerpo. La anatomía humana

cuerpo (m)	身体	shintai
corazón (m)	心臓	shinzō
sangre (f)	血液	ketsueki
cerebro (m)	脳	nō
hueso (m)	骨	hone
columna (f) vertebral	背骨	sebone
costilla (f)	肋骨	rokkotsu
pulmones (m pl)	肺	hai
piel (f)	肌	hada
cabeza (f)	頭	atama
cara (f)	顔	kao
nariz (f)	鼻	hana
frente (f)	額	hitai
mejilla (f)	頬	hō
boca (f)	口	kuchi
lengua (f)	舌	shita
diente (m)	歯	ha
labios (m pl)	唇	kuchibiru
mentón (m)	あご（頤）	ago
oreja (f)	耳	mimi
cuello (m)	首	kubi
ojo (m)	眼	me
pupila (f)	瞳	hitomi
ceja (f)	眉	mayu
pestaña (f)	まつげ	matsuge
pelo, cabello (m)	髪の毛	kaminoke

peinado (m)	髪形	kamigata
bigote (m)	口ひげ	kuchihige
barba (f)	あごひげ	agohige
tener (~ la barba)	生やしている	hayashi te iru
calvo (adj)	はげ頭の	hageatama no

mano (f)	手	te
brazo (m)	腕	ude
dedo (m)	指	yubi
uña (f)	爪	tsume
palma (f)	手のひら	tenohira

hombro (m)	肩	kata
pierna (f)	足 [脚]	ashi
rodilla (f)	膝	hiza
talón (m)	かかと [踵]	kakato
espalda (f)	背中	senaka

5. La ropa. Accesorios personales

ropa (f)	洋服	yōfuku
abrigo (m)	オーバーコート	ōbā kōto
abrigo (m) de piel	毛皮のコート	kegawa no kōto
cazadora (f)	ジャケット	jaketto
impermeable (m)	レインコート	reinkōto

camisa (f)	ワイシャツ	waishatsu
pantalones (m pl)	ズボン	zubon
chaqueta (f), saco (m)	ジャケット	jaketto
traje (m)	背広	sebiro

vestido (m)	ドレス	doresu
falda (f)	スカート	sukāto
camiseta (f) (T-shirt)	Tシャツ	tīshatsu
bata (f) de baño	バスローブ	basurōbu
pijama (m)	パジャマ	pajama
ropa (f) de trabajo	作業服	sagyō fuku

ropa (f) interior	下着	shitagi
calcetines (m pl)	靴下	kutsushita
sostén (m)	ブラジャー	burajā
pantimedias (f pl)	パンティストッキング	pantī sutokkingu
medias (f pl)	ストッキング	sutokkingu
traje (m) de baño	水着	mizugi

gorro (m)	帽子	bōshi
calzado (m)	靴	kutsu
botas (f pl) altas	ブーツ	būtsu
tacón (m)	かかと [踵]	kakato
cordón (m)	靴ひも	kutsu himo

betún (m)	靴クリーム	kutsu kurīmu
guantes (m pl)	手袋	tebukuro
manoplas (f pl)	ミトン	miton
bufanda (f)	マフラー	mafurā
gafas (f pl)	めがね [眼鏡]	megane
paraguas (m)	傘	kasa

corbata (f)	ネクタイ	nekutai
moquero (m)	ハンカチ	hankachi
peine (m)	くし [櫛]	kushi
cepillo (m) de pelo	ヘアブラシ	hea burashi

hebilla (f)	バックル	bakkuru
cinturón (m)	ベルト	beruto
bolso (m)	ハンドバッグ	hando baggu

6. La casa. El apartamento

apartamento (m)	アパート	apāto
habitación (f)	部屋	heya
dormitorio (m)	寝室	shinshitsu
comedor (m)	食堂	shokudō

salón (m)	居間	ima
despacho (m)	書斎	shosai
antecámara (f)	玄関	genkan
cuarto (m) de baño	浴室	yokushitsu
servicio (m)	トイレ	toire

aspirador (m), aspiradora (f)	掃除機	sōji ki
fregona (f)	モップ	moppu
trapo (m)	ダストクロス	dasuto kurosu
escoba (f)	ほうき	hōki
cogedor (m)	ちりとり	chiritori

muebles (m pl)	家具	kagu
mesa (f)	テーブル	tēburu
silla (f)	椅子	isu
sillón (m)	肘掛け椅子	hijikake isu

espejo (m)	鏡	kagami
tapiz (m)	カーペット	kāpetto
chimenea (f)	暖炉	danro
cortinas (f pl)	カーテン	kāten
lámpara (f) de mesa	テーブルランプ	tēburu ranpu
lámpara (f) de araña	シャンデリア	shanderia

cocina (f)	台所	daidokoro
cocina (f) de gas	ガスコンロ	gasu konro
cocina (f) eléctrica	電気コンロ	denki konro

horno (m) microondas	電子レンジ	denshi renji
frigorífico (m)	冷蔵庫	reizōko
congelador (m)	冷凍庫	reitōko
lavavajillas (m)	食器洗い機	shokkiarai ki
grifo (m)	蛇口	jaguchi
picadora (f) de carne	肉挽き器	niku hiki ki
exprimidor (m)	ジューサー	jūsā
tostador (m)	トースター	tōsutā
batidora (f)	ハンドミキサー	hando mikisā
cafetera (f) (aparato de cocina)	コーヒーメーカー	kōhī mēkā
hervidor (m) de agua	やかん	yakan
tetera (f)	急須	kyūsu
televisor (m)	テレビ	terebi
vídeo (m)	ビデオ	bideo
plancha (f)	アイロン	airon
teléfono (m)	電話	denwa

www.ingramcontent.com/pod-product-compliance
Lightning Source LLC
Chambersburg PA
CBHW070841050426

42452CB00011B/2364